Inhalt

Das Ende der Geduld - die Bereitschaft zu unbeschränkten Griechenland-Hilfen sinkt

Kernthesen

Beitrag

Fallbeispiele

Weiterführende Literatur

Impressum

GENIOS WirtschaftsWissen Nr. 05/2011 vom 17.05.2011

Das Ende der Geduld - die Bereitschaft zu unbeschränkten Griechenland-Hilfen sinkt

Robert Reuter

Kernthesen

- In der Regierungskoalition werden die Stimmen lauter, die eine Abkehr von der bisherigen Rettungspolitik für Griechenland fordern.
- Besonders stark formiert sich der Widerstand bei den Liberalen.
- Auch Wirtschaftsexperten sehen die Zeit gekommen, Griechenland den Geldhahn

zuzudrehen.
- Die Rückkehr zur Drachme wird ebenfalls diskutiert, doch bleibt ein Austritt Griechenlands aus der Euro-Zone nach wie vor eher unwahrscheinlich.

Beitrag

Uneinigkeit in der Politik

Auch die EU-Finanzminister sind uneins darüber, wie es weitergehen soll mit Griechenland. Augenscheinlich zeigen die Hilfen aus dem Rettungsschirm nicht die gewünschte Wirkung. Zugleich regt sich Widerstand dagegen, Griechenland noch größere Hilfen einzuräumen als bisher. Insbesondere innerhalb der Bundesregierung formieren sich die Gegner.

In Rede stehen derzeit weitere 60 Milliarden Euro Hilfsgelder, da sich Griechenland angesichts eines Zinssatzes von 16 Prozent am Kapitalmarkt nicht refinanzieren kann. Schon sechs Abgeordnete der Union und 14 Parlamentarier der FDP haben angekündigt, weiteren Rettungsgeldern für Griechenland nicht mehr zuzustimmen. (1)

Signale vom FDP-Parteitag

Auf dem Parteitag der Liberalen stimmten 173 Delegierte gegen und 349 Delegierte für den Euro-Rettungsschirm. Aus den 14 Liberalen, die sich bisher offen gegen unbefristete Griechenland-Hilfen stemmten, sind damit fast 200 Kritiker geworden. Die FDP wird damit immer mehr zur Partei der Euro-Skeptiker. Ob die Kanzlerin und der Finanzminister ihren bisherigen Kurs bei der Rettung maroder Peripheriestaaten weiter gehen können, ist damit durchaus fraglich geworden. Schlössen sich nur zwei weitere Mitglieder der Koalitionsfraktionen den 20 Abweichlern an, wäre die Bundesregierung auf die Stimmen der Opposition angewiesen. Angela Merkel und ihr Vizekanzler Philipp Rösler hätten dann keine eigene Kanzlermehrheit mehr. Die grundsätzliche Botschaft der Skeptiker ist dabei klar: Weitere Hilfe für Griechenland wäre bloße Verschwendung von Steuergeldern und müsse darum beendet werden. Unsolide wirtschaftende EU-Staaten sollten, so hieß es in einem Antrag, aus der europäischen Wirtschaftsunion ausgeschlossen werden. (1)

Skepsis in der Wirtschaft

Auch unter deutschen Managern wächst die Sorge, dass die Hilfen für Pleitestaaten ohne positive Effekte verpuffen. Zudem besteht die fast einhellige Überzeugung, dass Portugal nicht das letzte Land ist, dass an den EU-Tropf muss. In einer Umfrage äußerten gerade einmal sechs Prozent der befragten Manager die Erwartung, dass keine weiteren Länder auf Unterstützung angewiesen sein werden. 30 Prozent waren sich sogar ganz sicher, dass noch mehr Länder in Schieflage geraten werden. Nur die Hälfte der befragten Führungskräfte hält den bisherigen Kurs der Bundesregierung für richtig. (1), (2)

Viel Mühe, zu wenig Ergebnisse

Tatsächlich entsteht derzeit nicht der Eindruck, dass die Hilfen für Griechenland etwas Gutes bewirken. Ein Politiker hat die Gelder daher schon als "Schokolade für einen Zuckerkranken" bezeichnet. 110 Milliarden Euro hatten die Staaten der Eurozone Griechenland vor einem Jahr zugesagt, für die Athen im Gegenzug ein ambitioniertes Reformprogramm starten musste. Doch trotz Steuererhöhungen, Lohnkürzungen und der Privatisierung öffentlicher Unternehmen geht es den Griechen dem Anschein nach immer schlechter. Experten bemängeln, dass insbesondere bei der Eintreibung von Steuergeldern nach wie vor große Defizite zu beklagen seien. (3)

Austritt aus dem Euro bleibt unwahrscheinlich

Trotz der wachsenden Kritik an den umfangreichen Zahlungen und Bürgschaften für den griechischen Staat wird ein Austritt Griechenlands aus dem Euro kaum als ernsthaftes Modell gesehen. Sowohl der Staat als auch die griechischen Unternehmen würden bei einer Rückkehr zur Drachme mit Außenschulden in Euro zurückgelassen, deren Begleichung dann endgültig nicht mehr gelingen könnte. Die Risiken eines Austritts werden von Volkswirten und Agenturen daher als "gigantisch" bezeichnet. Damit sei die Wiedereinführung der Drachme auch nicht im Interesse der anderen Euro-Länder. Gleichwohl müssten Griechenland und die Eurogruppe im Laufe dieses Jahres entscheiden, wie es weitergehen soll. (2), (3)

Rückkehr zur Drachme: Chancen und Risiken

Wenn Griechenland die Drachme einführen würde, könnte das Land seine Zinsen wieder selbst bestimmen und die Landeswährung gegenüber dem Euro und anderen Währungen abwerten. Dies käme dem Export griechischer Waren zugute, denn die Preise würden sinken. Ifo-Chef Hans-Werner Sinn sieht hierin die einzige Möglichkeit, bürgerkriegsähnliche Zustände in Griechenland zu vermeiden, die der aktuelle Sparkurs irgendwann hervorrufen würde. Ein reiner Sparkurs ohne Euro-Austritt könne eine Kürzung von Löhnen und Preisen um 20 bis 30 Prozent erforderlich machen, was soziale Unruhen nach sich ziehen werde. (6)

Bedrohte Banken

Kommt die Drachme wieder, wäre freilich damit zu rechnen, dass die Griechen die Banken stürmen und ihr Erspartes noch in Euro abheben. Dies hätte den Zusammenbruch der griechischen Kreditinstitute zur Folge - eine Gefahr, die auch der Ifo-Chef sieht. Um dem vorzubeugen, müssten die griechischen Banken parallel zur Drachmen-Einführung mit EU-Geldern gestützt werden. Dies sei schon darum sinnvoll, weil die Banken nach Meinung Sinns auch ohne Drachme pleite gehen werden. Ebenfalls betroffen - auch im Falle eines Schuldenschnitts - sind deutsche Banken. Hier sind es die ohnehin schwer beschädigte Skandalbank Hypo Real Estate und die mit Milliardengeldern gestützten Landesbanken, die im Verdacht stehen, stark in griechische Anleihen investiert zu haben. Insgesamt sollen deutsche

Kreditinstitute Forderungen in Höhe von 26 Milliarden Euro an den griechischen Staat in den Büchern haben. (6), (7)

Zwei Wege zur Lösung der Krise

Realistischer als der Austritt aus dem Euro erscheinen modifizierte Wege der Hilfestellung durch die Euro-Länder. Ein Vorschlag lautet, die Kreditzusage an Griechenland um einen zweistelligen Milliardenbetrag zu erhöhen und zugleich die Rückzahlungskonditionen für das Land zu verbessern. Dies sei durchaus möglich, da die Euro-Staaten von Griechenland einen deutlich höheren Zinssatz verlangten, als sie selbst durchschnittlich am Markt zahlten. Die Geberländer könnten diese Zinsgewinne künftig an Griechenland weitergeben.

Eine Alternative wäre, dass der Euro-Rettungsfonds EFSF nächstes Jahr alle neuen griechischen Staatsanleihen kauft, die das Land am Markt nicht los wird. Auch damit wäre die drohende Finanzierungslücke gefüllt. Rechtlich gäbe es allerdings Probleme, da der EFSF am Primärmarkt neu ausgegebene Staatsanleihen gar nicht kaufen darf. (4), (5)

Trends

Sinkende Akzeptanz

Die rigide Sparpolitik der Athener Regierung wird von den Griechen immer weniger akzeptiert. Die Zahl der Streiks wächst, Autonome halten Universitäten besetzt, und Gewalt greift um sich. Die ökonomische Not der Menschen entlädt sich immer häufiger in Aggression gegen Einwanderer und Minderheiten. Lohnkürzungen um ein Drittel sind keine Seltenheit, zudem ist der Benzinpreis um ein Drittel gestiegen. In der Athener Innenstadt musste jedes fünfte Geschäft aufgeben. Seit die Regierung den Sparkurs verordnet hat, gab es zehn Generalstreiks. (9)

Fallbeispiele

Bofinger vs. Sinn

Anders als Ifo-Chef Hans-Werner Sinn hat sich der Wirtschaftsweise Peter Bofinger deutlich gegen den Austritt Griechenlands aus der Euro-Zone ausgesprochen. Bofinger befürchtet, dass eine massive Kapitalflucht aus Griechenland die Folge wäre. Auch die technische Umsetzung einer Währungsänderung sei schwierig zu bewältigen und überdies sehr teuer. Zugleich räumt auch Bofinger ein, dass die Drachme dem gepeinigten Land sofort einen gewaltigen Schub verleihen könnte, denn die Wirtschaft wäre über Nacht wieder wettbewerbsfähig. (8)

Weiterführende Literatur

(1) Koalition in der Euro-Falle
aus Handelsblatt Nr. 093 vom 13.05.2011 Seite 1

(2) Griechenland verunsichert den Markt
aus Frankfurter Allgemeine Zeitung, 09.05.2011, Nr. 107, S. 18

(3) Griechenland braucht noch mehr Geld
aus Frankfurter Allgemeine Zeitung, 09.05.2011, Nr. 107, S. 1

(4) Ohne neue Hilfen seiner Partner geht Griechenland unter
aus Handelsblatt Nr. 089 vom 09.05.2011 Seite 11

(5) Deutschland ist bei Euro-Rettung isoliert
aus DIE WELT, 09.05.2011, Nr. 107, S. 9

(6) Wenn die Griechen ihre Banken stürmen
aus Süddeutsche Zeitung, 09.05.2011, Ausgabe Deutschland, S. 15

(7) "Ein Euro-Austritt wäre das kleinere Übel"
Reaktionen in Deutschland auf Spekulationen eher gelassen
aus Financial Times Deutschland vom 09.05.2011, Seite 16

(8) Bofinger warnt vor Euro-Ausstieg Griechenlands
aus manager-magazin.de vom 09.05.2011

(9) >Unseren Stolz genommen<
aus Die Presse vom 2011-05-15, Seite: 38

Impressum

Das Ende der Geduld - die Bereitschaft zu unbeschränkten Griechenland-Hilfen sinkt

Bibliografische Information der deutschen Nationalbibliothek

Die Deutsche Nationalbibliothek verzeichnet diese Publikation in der deutschen Nationalbibliografie; detaillierte bibliografische Daten sind im Internet über http://dnb.d-nb.de abrufbar.

ISBN: 978-3-7379-1677-6

© 2015 GBI-Genios Deutsche Wirtschaftsdatenbank GmbH, Freischützstraße 96, 81927 München, www.genios.de

Alle Rechte vorbehalten. Dieses Werk ist einschließlich aller seiner Teile – z.B. Texte, Tabellen und Grafiken - urheberrechtlich geschützt. Jede Verwertung außerhalb der Grenzen des Urheberrechtsgesetzes bedarf der vorherigen Zustimmung des Verlags. Dies gilt insbesondere auch für auszugsweise Nachdrucke, fotomechanische

Vervielfältigungen (Fotokopie/Mikroskopie), Übersetzungen, Auswertungen durch Datenbanken oder ähnliche Einrichtungen und die Einspeicherung und Verarbeitung in elektronischen Systemen.